BEI GRIN MACHT SICH IHR WISSEN BEZAHLT

- Wir veröffentlichen Ihre Hausarbeit, Bachelor- und Masterarbeit

- Ihr eigenes eBook und Buch - weltweit in allen wichtigen Shops

- Verdienen Sie an jedem Verkauf

Jetzt bei www.GRIN.com hochladen und kostenlos publizieren

Coaching vs. Mentoring. Das Geheimnis guter Fragen und Vermeidung dysfunktionaler Gedanken

Hannah Wilhelm

Bibliografische Information der Deutschen Nationalbibliothek:

Die Deutsche Nationalbibliothek verzeichnet diese Publikation in der Deutschen Nationalbibliografie; detaillierte bibliografische Daten sind im Internet über http://dnb.d-nb.de abrufbar.

ISBN: 9783346960818
Dieses Buch ist auch als E-Book erhältlich.

© GRIN Publishing GmbH
Trappentreustraße 1
80339 München

Alle Rechte vorbehalten

Druck und Bindung: Books on Demand GmbH, Norderstedt Germany
Gedruckt auf säurefreiem Papier aus verantwortungsvollen Quellen

Das vorliegende Werk wurde sorgfältig erarbeitet. Dennoch übernehmen Autoren und Verlag für die Richtigkeit von Angaben, Hinweisen, Links und Ratschlägen sowie eventuelle Druckfehler keine Haftung.

Das Buch bei GRIN: https://www.grin.com/document/1413882

Einsendeaufgabe

Aufgabennummer:

A

SRH Fernhochschule – The Mobile University

Modul:

Coaching

Studiengang

Psychologie B.Sc.

Verfasser*in:

Hannah Wilhelm

Inhaltsverzeichnis

Abkürzungsverzeichnis 3

Abbildungsverzeichnis 4

Aufgabe 1 .... **5**

1 Definition Coaching 5

2 Definition Mentoring 6

3 Abgrenzung beider Begriffe anhand von Beispielen 7

Aufgabe 2 .... **9**

1 „Formaler Vertrag" 9

2 „Psychologischer Vertrag" 11

Aufgabe 3 .... **13**

1 Technik der Fragen 13

    1.1 Kennzeichen einer guten Frage 14

    1.2 Ziele von Fragen 15

    1.3 Fragetechniken im Coachen 17

        1.3.1 zirkuläre Fragen 17

        1.3.2 Skalenfragen 19

        1.3.3 Wunderfragen 19

        1.3.4 Ausnahmefragen 21

        1.3.5 Ressourcenorientierte Fragen 22

2 Dysfunktionale Gedanken nach Albert Ellis 22

    2.1 ABC – Theorie 24

    2.2 ABCDE – Vorgehen bei dysfunktionalen Gedanken 24

    2.3 Fazit 26

Literaturverzeichnis 27

Abkürzungsverzeichnis

Aufl.	Auflage
bswp.	beispielsweise
bzw.	beziehungsweise
ebd.	Ebenda
etc.	et cetera
insb.	insbesondere
o.Ä.	oder Ähnliches
s.	Seite
usw.	und so weiter
uvm.	und vieles mehr

Abbildungsverzeichnis

Abbildung 1: Beispiel für einen formalen Vertrag im Coaching _____ 11

Abbildung 2: Beispielhafte Darstellung der Komponenten des ABCDE - Vorgehens (Sauerland, 2018, S. 94) _____ 25

Aufgabe 1

Nach einer Definition der Begriffe Coaching (Kapitel 1) und Mentoring (Kapitel 2) erfolgt eine Abgrenzung beider Begriffe (Kapitel 3) anhand exemplarischer Beispiele aus der Praxis.

1 Definition Coaching

Der Begriff des „Coaching" ist nicht geschützt, weshalb es unzählige Definitionen gibt und er häufig inflationäre benutzt wird (Lanz & Maile, 2014, S. 11; Rauen, 2021, S. 37). Der Begriff „Coach" leitet sich von dem Begriff „Kutscher" her und umschreibt eine Person mit der Aufgabe, die Pferde sicher und schnell ans Ziel zu lenken (Lippmann, 2013, S. 12). Der Grundgedanke, jemanden sicher und schnell ans Ziel zu begleiteten bleibt im „Coaching" bis heute erhalten. Unter dem Begriff „Coaching" „[…] kann eine Kombination aus individueller, ergebnisorientierter (Selbst-)reflexion […], unterstützender Ressourcenaktivierung und persönlicher Begleitung auf Prozessebene für unterschiedliche berufliche und private Anliegen verstanden werden (Rauen, 2021, S. 38). Seit den Anfängen des „Coachings" herrscht Konsens über das Grundziel der Hilfe zur Selbsthilfe bzw. Selbstverantwortung (ebd., S. 38). Grundlage des Coachings ist die vertrauensbasierte, persönliche Beziehung zum Klienten, die mit einer interaktiven Zusammenarbeit einhergeht (Migge, 2018, S. 30; Rauen, 2021, S. 38). Anhand folgender Charakteristika kann der Begriff „Coaching" zusammenfassend definiert werden (Rauen, 2021, S. 39 - 40):

- *Interaktiver, personenzentrierter Begleitungsprozess* (primär berufliche Anliegen)
- *Individuelle Unterstützung auf Prozessebene*, d. h. Coach begleitet den Klienten und regt dabei an, Ziele zu finden bzw. zu hinterfragen und eigene Lösungswege zu entwickeln (keine konkreten Lösungsvorschläge)
- Coaching ist *leistungsorientiert und zielfokussiert*
- *Gegenseitige Akzeptanz und Vertrauen*, in einer freiwillig gewünschten Beziehung
- (Präventive) Förderung von *Selbstreflexion und -wahrnehmung, Bewusstsein und Verantwortung*
- *Transparente Interventionen* (keine manipulativen Techniken)
- *Ausgearbeitetes Coaching-Konzept* als Voraussetzung (erklärt Vorgehen, Methoden, Techniken und Interventionen, Wirkungszusammenhänge etc.)
- *Mehrere Sitzungen* und *zeitlich begrenzt*

- *Richtet sich an eine bestimmte Person* (Gruppen-Coaching: für eine genau definierte Gruppe von Personen) → meist mit Führungsverantwortung und/oder Managementaufgaben.
- Praktiziert durch Personen mit *psychologischen und betriebswirtschaftlichen Kenntnissen* sowie praktischer Erfahrung bezüglich der Anliegen des oder der Klienten
- *Ziel* des gesamten Coaching-Prozesses: (Wieder-)Herstellung und/oder Verbesserung der Selbstregulationsfähigkeiten des Klienten

Zusammenfassend kann festgehalten werden, dass die Klienten durch die gemeinsame Arbeit während des Coachings sowohl Klarheit als auch Handlungs- und Bewältigungskompetenzen gewinnen sollen (Migge, 2018, S. 30). Langfristige Ziele stellen dabei die Verbesserung der Lebensqualität und die Übereinstimmung der Werte und Lebenswirklich der Klienten dar (ebd., S. 30). Somit stellt das Coaching eine Handlungs- und Ergebnisorientierte Interaktion in Bezug auf verschiedene Lebensbereiche (z.B. Beruf, Karriere, Führung, Partnerschaft, Familie, Sport, Lebensgestaltung, Spiritualität etc.) dar (ebd., S. 30-31).

2 Definition Mentoring

Unter Mentoring wird die Begleitung eines Neulings während seiner ersten Berufsjahre durch einen Fachmann (Mentor) verstanden, der ihm mit Rat und Tat hilfreich zur Seite steht (ebd., S. 39). Das Mentoring umschreibt demnach eine Art „Partnerschaft" durch ein erfahrenes, häufig hierarchisch höher gestelltes Organisationsmitglied für eine Person, die neu in der Organisation oder Funktion gelangt ist (Lippmann, 2013, S. 33-34).Das Mentoring zielt stark darauf ab, die Fluktuationsrate der Mitarbeiter möglichst gering zu halten, indem Mitarbeiter von Beginn an in die Organisation integriert werden und Maßnahmen ergriffen werden, um sie an die jeweilige Organisation zu binden (ebd., S. 33). Zu den Zielen des Mentorings gehören somit beispielsweise die Weitergabe von Wissen, Riten und Normen der Organisationskultur, Unterstützung in schwierigen Situationen oder vor wichtigen Ereignissen und die Vermittlung zentraler Beziehungen (Networking) uvm. (ebd., S. 33-34). Die Mentorenrolle ist demnach nie neutral, da sie immer stark durch das Interesse der Organisation geprägt ist (ebd., S. 33-34). Gleichzeitig ist die „Partnerschaft" im Rahmen des Mentoring demnach immer mit einem Beziehungs- bzw. Machtgefälle verbunden (ebd., S. 34). Eine Gemeinsamkeit des „Coachings" und „Mentorings" stellt dar, dass die Rolle bzw. die optimale Rollenübernahme hinsichtlich Führung und Management im Zentrum steht (ebd., S. 34). Beide Konzepte wurden im Profit-Bereich entwickelt und finden auch dort hauptsächlich Anwendung (ebd., S. 34). Eine weitere Gemeinsamkeit besteht darin, dass sich die

Berater hauptsächlich in der Rolle des Zuhörens bzw. des Gesprächspartners befinden (Lippmann, 2013, S. 34). Dabei nennt der Klient den Beratungsbedarf und die Anliegen der Beratung (ebd., S. 34). Trotz der Gemeinsamkeiten können beide Begriffe deutlich voneinander abgegrenzt werden.

3 Abgrenzung beider Begriffe anhand von Beispielen

Die Zielgruppe des Coachings sind häufig Führungskräfte und Personen mit Managementsaufgaben aller Hierarchiestufen (ebd., S. 35). Herr D. leitet ein Team im Bereich Marketing eines großen Konzerns. Das steigende Arbeitsaufkommen, welches mit immer weniger Personal bewältigt werden muss, hat zur Folge, dass er sich in seiner Position dauerhaft überfordert fühlt. Seine Arbeitswoche liegt inzwischen weit über 40 Stunden, er kann auch in seiner Freizeit nicht mehr abschalten, ist dauerhaft erschöpft und leidet unter Schlafstörungen. Herr D. hat sich daher entschieden, sich Unterstützung durch einen externen Coach zu suchen. Herr D. möchte im Coaching herausfinden, wie er sich entlasten kann, seine Freizeit wieder genießen kann und gleichzeitig seinem Arbeitsauftrag gerecht werden kann. Somit definiert Herr D. als Klient die Ziele und Inhalte des Coachings (ebd., S. 35). Dabei kann er alle für ihn relevanten Themen mit in den Coachingprozess einbeziehen (ebd., S. 35). Herr D. äußert gegenüber seinem Coach die Schwierigkeiten seiner Überlastung auf sämtlichen Ebenen (z.B. Familie, Freunde, Arbeit, Hobbys, Gesundheit etc.). Das Coaching kann grundsätzlich durch organisationsinterne und externe Berater durchgeführt werden (ebd., S. 35). Um vom Unternehmen unabhängige Unterstützung zu bekommen, hat sich Herr D. für einen externen Coach entschieden. Der Coach nimmt also eine neutrale Position ein (ebd., S. 35). Dabei fungiert der Coach als Prozessberater, indem er Beratungsmethoden bzw. Kompetenzen anwendet (ebd., S. 35). In einem interaktiven Prozess begleitet der Coach Herr D. dabei, Ziele zu finden bzw. zu hinterfragen und eigene Lösungswege zu entwickeln. Die Gegenseitige Akzeptanz bildet dabei den Grundstein zur Förderung von Selbstreflexion- und Wahrnehmung, Bewusstsein und Verantwortung. In den ersten Sitzungen wird die Situation von Herrn D. ausführlich analysiert, um seine Problematik anschließend mit Hilfe eines ausgearbeiteten Coachingkonzepts (Vorgehen, Methoden, Techniken, Interventionen, Wirkungszusammenhängen etc.) nach festen „Spielregeln" (Stichwort: Psychologischer Vertrag) zu lösen. Völlige Transparenz der Interventionen ist Voraussetzung. Zudem wird die Anzahl der Sitzungen festgelegt, da das Coaching von Herrn D. zeitlich begrenzt ist.

Die Zielgruppe des Mentoring sind in der Regel junge bzw. neue Mitglieder in einem Unternehmen, deren Potenzial für die Firma ausgeschöpft werden soll (ebd., S. 35). Frau M. hat gerade ihren Master abgeschlossen und beginnt ihre erste Arbeitsstelle als Junior

Produktdesignerin. Um einen guten Einstieg in den Job zu finden, schlägt das Unternehmen ihr ein Mentorenprogramm vor. Im ersten Jahr bzw. in den ersten Jahren wird ihr daher ein Mentor zur Seite gestellt. Anders als Herr D., im Rahmen des Coachings, legt nicht Frau M. die Ziele und Inhalte des Mentorings fest. Ein weiterer Unterschied liegt darin, dass Herr D. sich bewusst aus eigenem Interesse um einen Coach bemüht, während Frau M. der Mentor, ausgehend von ihrem Arbeitgeber, zur Seite gestellt wird. Gegenstand des Mentorings sind vielmehr die Wissens- und Beziehungsvermittlung in Bezug auf das Unternehmen (Lippmann, 2013, S. 35). Frau M. kann jedoch auch bei individuellen Fragen bezüglich des Arbeitsplatzes von ihrem Mentor beraten werden. Anders als der Coach, ist der Mentor in der Regel organisationsintern und somit häufig kein professioneller Berater und berät vor dem Hintergrund seiner Erfahrungen im Unternehmen (ebd., S. 35). Der Mentor von Frau M. übernimmt dabei beispielsweise folgende Aufgaben: Onboarding, Vorstellung der Mitarbeiter verschiedener Abteilungen, Einführung in Abläufe und Strukturen des Unternehmens, Feedbackgespräche oder Hilfestellung bzw. Ansprechpartner bezüglich der Erledigung verschiedener Aufgaben. Dabei vertritt der Mentor die aus seiner Sicht relevanten Interessen des Unternehmens und ist somit, anders als der Coach von Herr D., nicht neutral. Dennoch hat Frau M. die Möglichkeit ihrem Mentor auch mitzuteilen, dass sie sich sehr gestresst fühlt und kaum Ruhe in ihrer Freizeit findet, da sie die neuen Eindrücke auch privat beschäftigen. Dennoch stehen sämtliche Themen bezüglich des Unternehmens im Vordergrund (ebd., S. 35). Dabei kommt ihr Mentor bei gewissen Angelegenheiten, beispielsweise Kündigungsabsichten oder bestimmten Konfliktkonstellationen, nicht als Berater in Frage, da dies Loyalitätskonflikte mit sich bringen kann (ebd., S. 35). Daher hat Frau M. Schwierigkeiten damit, bei ihrem Mentor anzusprechen, dass sie sich von den Senior Produktdesignern nicht wirklich akzeptiert fühlt, da sie in der Zusammenarbeit wenig berücksichtigt wird.

Es wird eine Vielzahl von Merkmalen ersichtlich, die das Coaching und Mentoring klar voneinander unterscheiden. Zusammenfassend kann festgehalten werden, dass das Coaching thematisch vom Klienten definiert wird und es sich um einen stark zielorientierten, zeitlich begrenzten, interaktiven Austausch handelt. Das Mentoring hingegen stellt eine langfristige Beziehung dar, die den Erfahrungs- und Wissensaustausch bzw. Weitergabe zwischen zwei Menschen unterschiedlicher hierarchischer Stufen in einem Unternehmen umfasst.

Aufgabe 2

Im Folgenden werden die Begriffspaare „Formaler Vertrag" (Kapitel 1) und „Psychologischer Vertrag" (Kapitel 2) erläutert. Dabei werden die Inhalte beider Verträge beschrieben und anhand realitätsnaher Fallbeispiele konkretisiert. Grundsätzlich gilt, dass Verträge das Beratungsverhältnis zwischen dem Klienten und dem Coach schützen und somit die Grundlage von vertrauensvollen Beratungsbeziehungen darstellen (Lippmann, 2013, S. 21). Verträge definieren dabei die Art der Beratung und legen die Rechte und Pflichten der Beteiligten fest (Lanz & Maile, 2014, S. 31). Dabei können Coachingverträge grundsätzlich in unterschiedlichen Konstellationen abgeschlossen werden (Lanz & Maile, 2014, S. 31, Lippmann, 2013, S. 22):

1. *Zweiervertrag:* Vertragspartner sind Klienten und Coach.
2. *Dreiecksvertrag:* Vertragspartner sind Auftraggeber (z.B. Unternehmen), Klient (z.B. Mitarbeiter des Unternehmens) und der Coach.
3. *Viererkonstellation:* Vertragspartner sind Auftraggeber (z.B. Führungskräfte, die Bedarf des Mitarbeitercoachings sieht), die Personalabteilung als Vermittlung (übernimmt Coachsuche), Klient (Mitarbeiter des Unternehmens als Coachee) und Coach.

1 „Formaler Vertrag"

Entscheidet sich der Interessent nach einer angemessenen Zeit für ein Coaching, gilt es formale Rahmenbedingungen der Coaching – Beziehung zwischen dem Klient und dem Coach in einem Vertrag festzuhalten (Rauen, 2021, S. 529). Bei solchen Verträgen handelt es sich in der Regel um sogenannte formale Dienstverträge (ebd., S. 529). Der formale Vertrag wird geschlossen, um die Kostenztransparenz und Verbindlichkeit zwischen den Parteien herzustellen und stellt einen elementaren Teil der gegenseitigen Akzeptanz und der Kommunikation auf „Augenhöhe" dar (ebd., S. 530). Der formale (Dienst-)Vertrag umfasst im Rahmen des Coachings in der Regel folgende Modalitäten, die es für beide Parteien eindeutig zu klären gilt (Lippmann, 2013, S. 21; Rauen, 2021, S. 530):

- Die *Anzahl und Dauer der Termine* (ggf. auch der Abstand zwischen den Terminen)
- Die *Gesamtdauer* des Coachings (sofern dies abschätzbar ist)
- *Orte*, an denen das Coaching stattfinden soll bzw. kann
- Die am Coaching *beteiligten Personen*

- Die *Geheimhaltungspflicht* bzw. Art der Information, wenn Klient und Auftraggeber nicht identisch sind (Datenschutzbestimmungen)
- Die *Höhe des Honorars* bzw. der internen Verrechnung von evtl. Spesen
- Die Haftung des Coachs
- Die *Art der Rechnungsstellung* und Zahlungsweise, Vereinbarungen über die Kosten für kurzfristig abgesagte Termine
- Ggf. eine Erklärung nicht zu einer Sekte zu gehören

Im Gegensatz zu Werkverträgen wird im formalen Vertrag zwischen Coach und Klient kein Ergebnis versprochen, sondern vereinbart, dass der Coach eine profunde Dienstleistung erbringt (Rauen, 2021, S. 529 – 530). Daher ist es auch Branchenunüblich, dass beispielsweise Verträge, die Zahlung bestimmter Mindeststunden vorsehen, auch wenn sie nicht in Anspruch genommen wurden, weil das Coaching bereits zuvor beendet wurde (ebd., S. 530). Kosten für einen zu kurzfristig abgesagten Termin sind hingegen normal (ebd., S. 530).

Herr H. möchte für seine persönliche Weiterentwicklung ein Coaching in Anspruch nehmen, damit er in Zukunft selbstsicherer wird und seine Karrierechancen steigen. Herr H. fühlt sich sehr wohl in seinem Job, steckt sich beruflich allerdings neue Ziele und strebt an, mittelfristig eine Führungsrolle einzunehmen. Seine Chancen dahingehend stehen fachlich sehr gut. Menschlich fehlt es ihm jedoch an Selbstsicherheit, weshalb er mithilfe eines Coaches an seinem Führungsverhalten arbeiten möchte. Bevor das Coaching startet, setzt der Coach einen formalen Vertrag (*s. Abbildung*) auf, mit dem Herr H. übereinstimmen muss.

Coaching-Vertrag zwischen [Name des Coaches] und [Name des Klienten]

1. Gegenstand des Vertrags

Der Coach wird den Klienten in einer Reihe von 10 Sitzungen (jeweils 50 Minuten) unterstützen, um ihm bei der Erreichung seiner persönlichen und/oder beruflichen Ziele zu helfen. Das Coaching erfolgt vorerst in einem Zeitrahmen von 10 Wochen, indenen jeweils eine Sitzung stattfindet. Der Coach wird dem Klienten helfen, seine Ziele zu definieren, einen Aktionsplan zu entwickeln und den Fortschritt des Klienten zu überwachen.

2. Vertraulichkeit

Der Coach wird alle Informationen, die der Klient während des Coachingprozesses teilt, vertraulich behandeln und sie nicht an Dritte weitergeben, es sei denn, der Klient gibt seine ausdrückliche Zustimmung dazu oder der Coach ist gesetzlich dazu verpflichtet.

3. Haftungsausschluss

Der Coach übernimmt keine Verantwortung für die Entscheidungen, die der Klient trifft, und haftet nicht für Schäden oder Verluste, die sich aus den Coachingsitzungen ergeben können.

4. Honorar und Zahlungsmittel

Das Honorar für die Coachingsitzungen wird zwischen dem Coach und dem Klienten vereinbart und schriftlich festgehalten. Das Honorar wird vor jeder Sitzung fällig und kann per Banküberweisung oder in bar bezahlt werden.

5. Kündigung und Handhabung von Terminabsagen

Dieser Vertrag kann von beiden Parteien mit einer Kündigungsfrist von zwei Wochen gekündigt werden. Termine müssen mind. 24 Stunden im Voraus abgesagt werden. Erfolgt keine fristgerechte Absage, müssen die Kosten für die versäumte Sitzung vom Klienten getragen werden.

Dieser Vertrag wird von beiden Parteien unterzeichnet und tritt in Kraft, sobald er von beiden Parteien unterzeichnet wurde.

[Ort], [Datum]

[Name des Coaches]

[Unterschrift des Coaches]

[Name des Klienten]

[Unterschrift des Klienten]

Abbildung 1: Beispiel für einen formalen Vertrag im Coaching

2 „Psychologischer Vertrag"

Neben dem formalen Vertrag existiert zwischen dem Coach und dem Klienten ein mündlich ausgehandelter psychologischer Vertrag (Rauen, 2021, S. 535). Psychologische Verträge beinhalten die „Spielregeln" der Beratungsbeziehung und klären in erste Linie die gegenseitigen Erwartungen im Coaching (Lippmann, 2013, S. 21; Rauen, 2021, S. 532). Um bei unserem Fallbeispiel Herr H. zu bleiben, er soll in diesem Rahmen seine Erwartungen, Ziele, Themen, die bearbeitet werden sollen (Einstieg in die inhaltlichen Anliegen des Klienten), Befürchtungen, Grenzen und „Tabuzonen" deutlich machen (Lanz & Maile, 2014, S.25; Rauen, 2021, S. 532). Herr H. legt also fest, welche Themen im Coaching behandelt werden sollen und welche nicht (Rauen, 2021, S. 532). An der Stellte betont Herr H., dass er gerne an seiner

Selbstsicherheit arbeiten möchte, um langfristig sein Führungsverhalten verbessern zu können. Dafür ist er bereit sich intensiv mit seiner Person zu beschäftigen und seine Situation, sein Verhalten, sein Handeln und seine Einstellungen zu reflektieren und zu optimieren. Er ist motiviert, sein Verhalten für seine angestrebte Rolle aktiv zu gestalten. Dafür ist er bereit sich selbst kritisch zu reflektieren. Herr H. wüscht sich dabei von seinem Coach, dass er ihm durch verschiedene Methoden, die richtigen Denkanstöße gibt, um herauszufinden, was ihn aktuell an seiner Selbstsicherheit hindert. Außerdem wünscht er sich einen hohen Praxisbezug und erhofft sich, dass der Coach ihm dabei hilft, seine Komfortzone zu verlassen. Befürchtungen oder „Tabuzonen" hat Herr H. erstmal keine, da er sehr unvoreingenommen und motiviert an das Coaching geht. Er ist sehr offen für verschiedene Herangehensweisen des Coaches. Allerdings versichert Herr H. seinem Coach, sich zu melden, sofern seine persönlichen Grenzen in irgendeiner Form überschritten werden, sodass der Vertrag dahingehend unmittelbar angepasst werden kann. Der Coach muss im Rahmen des psycholoschen Vertrags seine Bedingungen nennen und den Rahmen seiner Möglichkeiten transparent aufzeigen (Lippmann, 2013, S. 21; Rauen, 2021, S. 532). Dabei stellt der Coach seine Arbeitsweise bzw. sein Verständnis von Coaching dar und klärt über falsche oder nicht erfüllbare Erwartungen von Herr H. auf (Rauen, 2021, S. 532). Die Verhandlung des psychologischen Vertrags ist auch für den Coach kein Routinevorgang, da die Personen und individuellen Anliegen bzw. Situationen variieren und die Beziehung zum Coachee in jedem Coachingsetting neu definiert werden muss (ebd., S. 532). Folgende Themenbereiche des psychologischen Vertrags können zusammenfassend dargestellt werden (Rauen, 2021, S. 532-533):

- Eine gemeinsame Basis bzgl. der *ideologischen Orientierung*
- Die Bereitschaft des Klienten zur *selbstkritischen Reflexion* seiner Werte (z.B. Umgang mit Macht, Wahrheit, Beziehungsgestaltungen, Emotionen)
- Die Bereitschaft des Klienten, sich mit *persönlichen Themen* auseinanderzusetzten, insbesondere:
    → Die Bereitschaft, die *eigene Person, Situation* und das *eigene Verhalten* zu thematisieren
    → Die Bereitschaft *Verantwortung für das eigene Handeln* zu übernehmen
    → Die *Einsichtsfähigkeit*, eigenverursachte Probleme anzuerkennen
    → Die *eigenmotivierte Absicht*, das eigene Verhalten und die dazugehörige Rolle aktiv zu gestalten
- Den Glauben an die *Wirksamkeit* und *Notwendigkeit* des Coachings.
- Die *Erwartungen* an das Coaching und den Coach (Vorannahmen, Befürchtungen, Ziele, Absichten)

- Das *Vorgehen* im Coaching (Methoden und Umgangsformen, die gegenseitigen Respekt ausdrücken, keine Manipulation)
- Das *Ausmaß* der angestrebten Veränderung
- Die realistischen *Möglichkeiten* und *Grenzen* des Coachings
- Die Bereiche, die im Coaching *außen vor* bleiben sollen („Tabu-Zonen")
- Den Umgang miteinander *außerhalb des Coaching-Rahmens* (Beachtung der Diskretion, z. B. wenn man sich zufällig privat trifft)

Der Psychologische Vertrag ist dabei flexibel. Entsprechend kann er sowohl von Seiten des Coaches als auch von Herr H. nachgehandelt werden, wenn dies als notwendig bzw. für das Coaching sinnvoll erscheint (Lippmann, 2013; S. 22, Rauen, 2021, S. 532). Bestimmte Vertragspunkte sind jedoch nicht beliebig änderbar. Die Grundvoraussetzung für das Coaching muss gegeben sein (Rauen, 2021, S. 532). Das gemeinsame Verständnis, dass es ich um eine Prozessberatung[1] handelt, ist dabei elementar (Lippmann, 2013, S. 22). Entsprechend werden die Rollenerwartungen im psychologischen Vertrag geklärt (ebd., S. 22). Sollten in einem Coaching dennoch Bestandteile einer Fachberatung in bestimmten Punkten sinnvoll erscheinen, empfiehlt es sich einen dafür speziellen „Minikontrakt" abzuschließen (ebd., S. 22).

Aufgabe 3

Im folgenden Abschnitt wird insbesondere auf die Fragetechnik im Coaching eingegangen. Nachdem die Fragetechnik im Allgemeinen vorgestellt wird (Kapitel 1) wird anschließend explizit auf die Kennzeichen guter Fragen (Kapitel 1.1), Ziele von Fragen (Kapitel 1.2) und exemplarische Fragetechniken im Coaching einschließlich deren Bedeutung und Zweck eingegangen (Kapitel 1.3). In Kapitel 2 wird das Konzept der „dysfunktionalen" Gedanken nach Alber Ellis erläutert. Dabei soll insbesondere darauf dargestellt werden werden, inwiefern diese laut Ellis verändert werden können.

1 Technik der Fragen

Im Rahmen des Coachings stehen dem Coach inzwischen vielfältige und erprobte Instrumente zu verschiedenen Themengebieten und Coaching-Phasen zur Verfügung (Meifert, 2011, S. 245). Eine der drei zentralen Methoden stellt dabei das „Gute Fragen" dar (ebd., S 245). Gute Frage stellen zu können ist eine erforderliche Kernkompetenz eines Coaches für eine erfolgreiche Zusammenarbeit mit dem Coachee (Lanz & Maile,

---

[1] „Bei der Prozessberatung liegt die Verantwortung von der Benennung des Anliegens bis zur Lösung vollständig beim Kundensystem" (Lippmann, 2013, S. 21). Bei einer Expertenberatung hingegen nimmt der Berater auch inhaltliche Stellung, gibt Fachinformationen oder arbeitet an konkreten Lösungsvorschlägen (ebd., S. 21).

2014, S. 81; Meifert, 2011, S. 251). Fragen sind das wesentliche Handwerk des Coaches, um die Entwicklung des Coachee zu fördern (Drath, 2019, S. 90). Die Fragetechnik stellt somit einen elementaren Teil des Dialogs im Coaching dar und dient daher als Instrument, um ein Gespräch zu führen und aufrecht zu erhalten (Drath, 2019, S. 81). Fragen ermöglichen so den kommunikativen Erkenntnisgewinn (Hoch & Vater, 2019, S. 4). Der Vorteil professioneller und guter Fragen im Rahmen des Coachings liegt darin, dass sie nicht nur Informationen beim Coachee abrufen, sondern ihn auch dazu bringen, neue Informationen zu erzeugen, indem er durch die Fragen über Aspekt nachdenkt, über die er zuvor möglicherweise noch nie oder nicht in dieser Weise nachgedacht hat (Meifert, 2011, S. 246). Fragen können somit den Coachee auf die „Suche" schicken und ihm völlig neue Sichtweisen eröffnen (Drath, 2019, S. 90). Dabei sind Fragen nicht immer gleich und bedürfen einer professionellen Fähigkeit des Coaches, um sie gezielt einzusetzen (Meifert, 2011, S. 246). Es gibt eine vielfältige Auswahl „professioneller" und guter Fragen, die der Coach einsetzten kann. Deshalb ist das Bewusstsein des Coaches, was er mit der Frage erreichen möchte und welche Wirkung sie haben kann elementar für den Coachingprozess (Lanz & Maile, 2014, S. 81). Aber was macht gute und „professionelle" Fragen überhaupt aus? Im Folgenden werden die Kennzeichen guter Fragen dargestellt. Gleichzeitig wird aufgezeigt, welche Art von Fragen sich nur bedingt im Rahmen des Coachings eigenen.

1.1 Kennzeichen einer guten Frage

Fragen im Rahmen des Coachings sind immer dann besonders gut, wenn der Coachee nicht direkt die Antwort weiß, sondern ersteinmal nachdenken muss (Lanz & Maile, 2014, S. 81). Je länger der Coachee braucht, um die Frage zu beantworten, desto entscheidender war die Frage und desto wichtiger ist sie für den Entwicklungsprozess des Coachees (ebd., S. 81). Ein weiteres Kennzeichen guter Frage besteht in der Offenheit der Fragen. Ein effektiver Informationsgewinn ist dem Coach vorwiegend durch offene Fragen, häufig auch W-Fragen genannt (wer, wann, wie, wozu, woran, wohin, wo, wessen etc.), möglich (Patrzek & Scholer, 2022, S. 26). Gerade zu Beginn eines Gesprächs sind offene Fragen zielführend, da sie Gesprächssituation zwischen Coach und Coachee öffnen (ebd., S. 27). Sie lassen dem Coachee viel Freiraum bei seiner Antwort, wodurch der Coach viel über die persönliche Sicht und Meinung des Coachees erfährt (ebd., S. 26). Dadurch, dass der Coachee sehr umfassend antworten kann, werden dem Coach häufig unerwartete Details eröffnet, die im weiteren Entwicklungsverlauf von Relevanz sein können (ebd., S. 26). Offene Fragen haben zudem den Vorteil, dass sie einen wirklichen Dialog ermöglichen, bei dem sich die Gesprächspartner auf Augenhöhe fühlen und der Coachee sich nicht einseitig

„ausgefragt" fühlt (ebd., S. 26). Gleichzeitig bringen offene Fragen jedoch auch das Risiko mit sich, dass der Coachee in einen Redefluss gerät und sich in Nebensächlichkeiten verliert, die für das Coaching nicht von Relevanz sind (Patrzek, 2019, S. 16). Offene Fragen erfordern demnach eine hohe Konzentration und ein stetiges „Mitscannen" des Gesprächsverlaufs seitens des Coaches (Patrzek, 2019, S. 16). Um auf solche Situationen zu reagieren, kann es beispielsweise sinnvoll sein als Coach auf geschlossene Fragen zurückzugreifen, um den Redefluss des Coachees zu stoppen und das Gespräch wieder verstärkt lenken zu können (Patrzek & Scholer, 2022, S. 26). Grundsätzlich gehören geschlossene Fragen aber nur bedingt in das Spektrum des professionellen Coachings (Lanz & Maile, 2014, S. 81). Der Fragentyp der geschlossenen Fragen kann in der Regel nur mit Ja oder Nein beantwortet werden (Patrzek & Scholer, 2022, S. 25). Daher lassen sie dem Coachee nur wenig Raum zur Beantwortung und zum Nachdenken, weshalb sie nur einen geringen Mehrwert für den Coachingprozess mit sich bringen (Lanz & Maile, 2014, S. 81). Im Gegensatz zu den offenen Fragen eigenen sich geschlossene Fragen nicht, um ein Gespräch konstruktiv aufzubauen, weshalb sie häufig auch als „Kommunikationsschließende" Fragen bezeichnet werden (ebd., S. 81). Demnach provozieren sie einen einseitigen Gesprächsverlauf, wodurch im Coachee das Gefühl eines Verhörs ausgelöst werden kann, da der Anschein entsteht, dass er vom Coach ausgefragt wird (Lanz & Maile, 2014, S. 81; Patrzek & Scholer, 2022, S. 25). Häufig erfährt der Coach durch geschlossene Fragen keine neuen und vertiefenden Informationen, die den Entwicklungsprozess des Coachees voranbringen (Patrzek & Scholer, 2022, S. 25). In spezifischen Situationen können geschlossene Fragen jedoch den Vorteil mit sich bringen, dass der Coachee gezwungen ist, eine feste Position zu beziehen (ebd., S. 25). Neben der Offenheit der Fragen im Coaching sind Klarheit, Neutralität und der Fokus auf die Problematik des Coachees zentrale Kennzeichen einer guten Frage.

Nachdem sowohl die Relevanz als auch die Kennzeichen guter Fragen im Coaching dargestellt wurden, wird im Folgenden explizit auf die Ziele der Fragetechnik im Coachingprozess eingegangen.

1.2 Ziele von Fragen

Fragen im Coaching verfolgen vielfältige Ziele, die sich folgendermaßen zusammenfassen lassen (Meifert, 2011, S. 251):

- Durch Fragen erfährt der Coach notwendige Fakten, die für das Coaching von Relevanz sind.
- Fragen dienen dazu, dem Coachee Wertschätzung zu vermitteln.

- Fragen schaffen erst die Voraussetzung, um im Anschluss aktiv zuhören zu können.
- Fragen ermöglichen dem Coach die subjektive Sicht ihres Coachees auf die Welt kennenzulernen und bekommt so einen Einblick in dessen Wahrnehmung, Haltung und Bewertung.
- Mit Hilfe von Fragen kann der Coach gemeinsam mit dem Coachee seine Hypothesen überprüfen, neue Informationen generieren und ihm neue Blickwinkel durch neue Ideen zu seinen Themen eröffnen. Sie helfen dem Coachee so bei seiner Entwicklung und initiieren Veränderungen.

Der gezielte Einsatz von Fragen ist also immer dann sinnvoll, wenn dem Coachee eine andere Art oder ein anderer Blickwinkel eröffnet werden soll, um seine Problematik und sein Ziel zu betrachten (Drath, 2019, S. 90). Fragen ermöglichen dem Coachee andere Sichtweisen und Verhaltensoptionen zu eröffnen (ebd., S. 90). Gerade zu Beginn eins Coachings unterstützen Fragen auch die Entwicklung eines Coachingsplans (Meifert, 2011, S. 247). Als grundlegende Voraussetzung sollte der Coach in der Lage sein, das erwartungsvolle Schweigen nach seiner Frage auszuhalten (Drath, 2019, S. 91). Der Coach muss die wartende Situation aushalten und dem Coachee Zeit lassen, bis er antwortet, ohne unmittelbar eine zweite Frage zu stellen (Lanz & Maile, 2014, S. 81). Nur so ist es möglich, dass der Coachee seine etablierten Denkmuster und Sichtweisen verändert und ihm neue Möglichkeiten eröffnet werden, seinen Problemen zu begegnen (Drath, 2019, S. 96). Als Coach kommt es nicht darauf an möglichst viele und originelle Fragen zu stellen (ebd., S. 96). Vielmehr geht es darum, gute Fragen zu stellen und den Coachee anschließend auf allen Ebenen zu beobachten und zuzuhören (ebd., S. 91). Allen gezielt ausgewählten Fragen des Coaches folgt das aufmerksame Schweigen und Zuhören (ebd., S. 91). Dies erfordert vor allem Neugier, Erfahrung und Intuition des Coaches. Der Coach sollte über ein breites Spektrum an verschiedenen Fragen verfügen, auf das er intuitiv zurückgreifen kann (ebd., S. 91). Für kraftvolle Fragen braucht es keine besondere Vorbereitung auf Seiten des Coachees. Der Coachee sollte auf die Fragen möglichst spontan antworten, ohne dabei in den Kategorien „richtig" und „falsch" zu denken (ebd., S. 91).

Nachdem die Ziele von Fragen im Coaching veranschaulicht wurden, werden im Folgenden ausgewählte Fragetechniken und deren Zweck anhand von Beispielen dargestellt.

1.3 Fragetechniken im Coachen

Im Rahmen des Coachings gibt es eine große Anzahl an unterschiedlichen Fragetechniken, die gezielt eingesetzt werden können (Meifert, 2011, S. 252). Dabei greift nicht jeder Coach auf alle Fragetechniken zurück. Vielmehr entwickelt jeder Coach, aufgrund von Erfahrungen, eine Präferenz bestimmter Fragetechniken, die am ehesten zu seiner individuellen Art passt. Im Folgenden werden fünf ausgewählte Fragetechniken exemplarisch dargestellt. Der Pool verschiedener Fragetechniken, an denen sich Coaches bedienenden können, ist dabei weitaus umfangsreicher. Die Fragetechniken können dabei individuell oder in Kombination verwendet werden, um dem Klienten dabei zu helfen, seine Gedanken und Gefühle zu reflektieren und eigene Lösungen zu finden. Die folgende Auflistung gibt einen kurzen Einblick, in die Vielfalt der Fragetechniken, da häufig schon der Name Rückschlüsse auf die Technik zulässt:

- Offene Fragen (Meifert, 2011, S. 253)
- Geschlossene Fragen (ebd., S.253)
- Umformulierungsfragen (ebd., S.253
- Zirkuläre Fragen (Drath, 2019, S. 94)
- Skalierungsfragen (ebd., S. 93)
- Konkretisierungsfragen (Meifert, 2011, S. 254)
- Fragen zum Problem / Verschlimmerungsfragen (Drath, 2019, S. 95; Meifert, 2011, S. 254)
- Fragen zur Lösung / Verbesserungsfragen (Drath, 2019, S. 95; Meifert, 2011, S. 254)
- Ressourcenorientierte Fragen (Meifert, 2011, S. 255)
- Bewältigungsfragen (Drath, 2019, S. 95)
- Fragen nach Ausnahmen (ebd., S. 94
- Wunderfragen (ebd., S. 97)
- Hypothetische Fragen (Patrzek & Scholer, 2022, S. 84)
- Paradoxe Fragen (Drath, 2019, S. 94)

1.3.1 zirkuläre Fragen

Herr M. ist Teamlead im Bereich Performance Marketing in einer Online Marketing Agentur. Er liebt seine Führungsposition, die auf der anderen Seite aber auch mit sehr viel Stress verbunden ist. Die Kunden und Aufträge werden immer mehr, die Ansprüche der Kunden sind hoch und gleichzeitig macht sein Chef Herr T. sehr viel Druck, dass das Team schneller arbeiten muss, um allen Kunden gerecht zu werden. Gleichzeitig soll die

Qualität des Endprodukts nicht leiden. Die Situation hat zur Folge, dass Herr M. dauerhaft unter Stress steht, den er unbewusst in sein Team weitergibt. Herr M. kann nicht nachvollziehen, warum die Leistungen in seinem Team schlechter werden, Abgabefristen nicht eingehalten werden und die Stimmung permanent angespannt ist. Herr M. fühlt sich von seinem Team im Stich gelassen, was ihn wiederum vermehrt stresst. Insgesamt hat er sehr wenig Verständnis für die Situation, betrachtet die Situation lediglich aus seiner Perspektive und ergreift die Initiative ein Coaching in Anspruch zu nehmen, um sein Stressmanagement in Zukunft verbessern zu können. Sein Coach möchte seine Aufmerksamkeit durch zirkuläre Fragen auf die Umgebung des Coachees lenken, damit er die Situation aus anderen Perspektiven betrachten und andere Positionen einnehmen kann (Drath, 2019, S. 93; Patrzek & Scholer, 2022, S. 108). Dabei ist es wichtig zu erwähnen, dass dem Coachee durch zirkuläre Fragen ausschließlich die vermutete Sichtweise anderer Personen eröffnet werden kann (Patrzek & Scholer, 2022, S. 108). Der Coach möchte Herr M. durch zirkuläre Fragen dazu anregen sich, in seine Kolleg:innen hineinzuversetzen und damit erreichen, dass Herr M. nicht nur seine eigene Sichtweise, sondern auch die seines Arbeitsumfeldes reflektiert, um ein umfassenderes Verständnis für die aktuelle Situation zu erzielen. Der Coach könnte Herr M. folgende Fragen stellen: „Was glauben Sie, wie es Frau P. und Herr K. aus ihrem Team aktuell mit der Situation auf der Arbeit geht?" „Was denken Sie, wie ihre Teammitglieder die Situation auf der Arbeit einschätzen?" „Können Sie sich vorstellen, was ihr Team aktuell von Ihnen oder Ihrem Chef braucht, damit sich die Situation verbessern kann?" Indem Herr M. von sich extrahiert eröffnen ihm sich neue Sichtweisen. Er kann sich in die möglichen Gefühle, Verhaltensweisen und Reaktionen seiner Kolleg:innen hineinversetzten (Patrzek & Scholer, 2022, S. 109). Somit fördern zirkuläre Fragen die Empathie und das Verständnis für die „Realität" anderer Menschen (ebd., S. 110). Herr M. hat durch die Fragen seines Coaches ein breiteres Verständnis für die Situation entwickeln können, wodurch er seine „Rolle" und seinen „Beitrag" zur Gesamtsituation besser einordnen kann. Herr M. hat realisieren können, dass sein Verhalten starken Einfluss auf die Leistung und Stimmung seiner Kollg:innen im Team nimmt. Er nimmt sich vor, sein Verhalten entsprechend anzupassen, um langfristig sowohl das Stresslevel im Team als auch sein eigenes reduzieren zu können. Zusammenfassend kann festgehalten werden: Zirkuläre Fragen fokussieren auf das „System" der im Kontext eines Gesprächspartners agierenden Personen (z.B. Chef, Kolleg:innen etc.). Dabei wird eine Perspektive Dritter eingeführt, die im System des Gesprächspartners „zirkulieren" (ebd., S. 110)

1.3.2 Skalenfragen

Frau W. hat sich für ein professionelles Coaching entschieden, da sie das Gefühl hat, keine ausgeglichene Work-Life Balance zu haben. Sie erhofft sich durch den Coach eine Unterstützung, um aus ihrem „Hamsterrad" auszubrechen. Frau W. fühlt sich im Alltag niedergeschlagen und hat das Gefühl ihren Kindern, ihrer Familie und Freunden nicht gerecht werden zu können. Dadurch hat sie sich immer mehr in ihre Arbeit geflüchtet, mit dem Gedanken: „Wenigstens mache ich meinen Job richtig!" Dadurch hat sich Frau W. in einen Teufelskreis begeben, aus dem sie allein keinen Ausweg findet. Der Coach soll sie dabei unterstützen wider eine Work-Life-Balance herzustellen, damit sie wieder mehr Freude empfinden kann, mehr Zeit für ihre Familie findet und ihren privaten Interessen nachgehen kann. Inzwischen ist der Coachingprozess schon eine Weile vorangeschritten. Der Coach möchte herausfinden, wie zielführend Frau W. das Coaching bisher empfunden hat und ob Sie ihrem gewünschten Ziel schön nähergekommen ist. Dafür greift der Coach auf Skalenfragen bzw. Skalierungsfragen zurück, die ihm und Frau W. ein gemeinsames Koordinatensystem bzw. Verständigungsmittel vorgeben, um die Situation von Frau W. und ihre Entwicklung einzuschätzen (Drath, 2019, S. 93). Die Skala an sich ist dabei nicht so wichtig, solange sie immer gleichbleibt (ebd., S. 93). Der Coach fragt Frau W.: „Auf einer Skala von 1-10, wobei 10 für ihr Ziel im Coaching und 1 für ihre schwierigste und freudloseste Zeit steht, wo sehen Sie sich heute, nachdem wir im Coachingsprozess nun schon ein wenig vorangeschritten sind?" „Und welchen Wert auf der Skala möchten Sie im Coaching erreichen?" Die Fragen dienen als guter Ausgangspunkt, um zu besprechen, was sich schon ins Positive verändert hat und wie viel bzw. was konkret zur Zielerreichung noch fehlt. Frau W. wird bewusst, woran sie noch arbeiten möchte und dem Coach wird klar, an welchen Stellen er Frau W. noch unterstützen muss und wie motiviert sie ist, ihre Situation weiter zu verbessern. Skalenfragen dienen dazu, Verallgemeinerungen aufzulösen und Unterschiede mehr zu hinterfragen und sich diesen Bewusstzuwerden (Patrzek & Scholer, 2022, S. 77). Sie ermöglichen bereits existierende Unterschiede zu benennen und nichtexistierende sichtbar zu machen (ebd., S. 77). Skalierungsfragen sind wertvoll, um die Einschätzungen des Coachees zu präzisieren und Unterschiede zu verdeutlichen (Meifert, 2011, S. 254). Skalierungsfragen dienen häufig als Ansatzpunkte, die durch Konkretisierungsfragen weiter vertieft bzw. präzisiert werden können.

1.3.3 Wunderfragen

Herr T. befindet sich in einer sehr ähnlichen Situation wie Frau W. und sucht sich daher Unterstützung durch ein Coaching. Sein Coach merkt nach einer Weile allerdings, dass der Coachingprozess ins Stagnieren gerät. Das liegt daran, dass Herr T. nach einigen Sitzungen keine große Veränderung wahrnehmen kann und er den Mut und die Zuversicht verliert, an seiner Situation etwas ändern zu können. Der Coach ist jedoch davon überzeugt, dass sich im Laufe des Coachingprozesses schon einiges ins Positive verändert hat und Herr T. seinen Mut jetzt nicht verlieren sollte. Er entscheidet sich auf eine sogenannte Wunderfragen zurückzugreifen, um Herr T. die Möglichkeit, den angestrebten Zielzustand des bereits erreichten Ziels gefühlsmäßig, wahrnehmen zu können (Drath, 2019, S. 95). Bevor er seine Frage ausspricht, ist es wichtig, dass er Herr T. darauf vorbereitet, indem er ihm erklärt, dass die folgende Frage nicht trivial ist und seine ganze Vorstellungskraft erfordern wird (ebd., S. 95). Anschließend bettet der Coach seine eigentliche Frage in eine kurze Geschichte ein (ebd., S. 95): „Stellen Sie sich vor, sie gehen im Anschluss an unsere Sitzung nach Hause, verbringen den Abend wie häufig mit ihrer Arbeit, da sie das Gefühl haben noch zu viele unerledigte Aufgaben zu haben, statt gemeinsam mit ihrer Familie Zeit zu verbringen. Stellen Sie sich aber auch vor, dass in der Nacht zu morgen ein Wunder geschähe, sie alle ihrer Coachingziele erreicht haben und alles genau so ist, wie sie es sich wünschen. Sie selbst wissen jedoch nicht, dass dieses Wunder geschehen ist, sie wurden von niemandem darauf hingewiesen. Woran würden Sie merken, dass sich das Wunder ereignet hat? Wie sähe ihr Leben dann aus und was ist anders?" Diese Frage ermutigt Herr T. sich vorzustellen, wie sein Leben aussehen könnte, wenn alle Hindernisse überwunden und alle Ziele erreicht wären. Das kann ihm dabei helfen seinen Fokus und seine Zuversicht zurückzugewinnen, da er seine Ziele und Wünsche nochmal konkretisieren kann, um eine klare Vorstellung davon zu bekommen, was er erreichen möchte und wie das möglich ist. Die Wunderfrage kann dazu beitragen, dass Herr T. es schafft seinen Fokus wieder von Problemen und Hindernissen auf Lösungen und positive Veränderungen zu lenken. Allgemein kann die Wunderfrage immer dann eingesetzt werden, wenn Menschen über konkrete Probleme sprechen und sich in einer Art „Problemkäfig" befinden, wobei ihnen jegliche Form der Kreativität und Lösungsenergie fehlt (Patrzek & Scholer, 2022, S. 90). Mit einer Wunderfrage kann es gelingen, diesen Käfig zu öffnen, um sich vorstellen zu können, wie es wäre aus dem Käfig ausgetreten zu sein (ebd., S. 90). So haben Wunderfragen das Potenzial Sackgassen zu überwinden und neue Lösungsszenarien einzuführen, indem das Gehirn von einem „geht nicht Problemzustand" in einen „so wäre es auch möglich Zustand" versetzt wird (ebd., S. 92). Damit die Wunderfrage des Coaches zielführend ist, muss Herr T. sich diesen beiden Zuständen bewusstwerden, indem er in der Lage ist, diese aktiv zu benennen und zu reflektieren. Gelingt ihm dies, ist die Basis für mögliche Ziel- und Maßnahmeninspiration gegeben. Wunderfragen sollten gezielt und sparsam verwendet werden, es empfiehlt sich ihren ungewöhnlichen Charakter einzuleiten und dem Coachee sollte sich die Veränderung im eigenen Energieniveau bewusstwerden (ebd., S. 92). Mit der Wunderfrage wird Herr T. ein Werkzeug an die Hand gegeben, mit dem er sich auch selbst immer wieder coachen kann. Sie können ihn dabei unterstützen, sich immer wieder eine Welt vorzustellen, in der er eine Lösung gefunden hat, wodurch er sich seiner aktuellen Ängste, Probleme und Hoffnungen bewusst werden kann (Meifert, 2011, S. 257).

1.3.4 Ausnahmefragen

Herr L. entscheidet sich für ein Coaching, da er soziale Schwierigkeiten in seinem Job hat. Er mag seinen Job als IT-Consultant sehr gerne, allerdings hat er das Gefühl keinen Anschluss in seinem Team zu finden bzw. im Gegenteil eher abgelehnt zu werden. Aus Gruppenaktivitäten fühlt er sich häufig ausgeschlossen, zum gemeinsamen Essen in der Mittagspause wird er nicht proaktiv eingeladen und empfindet viele Kommentare seiner Kolleg:innen ihm gegenüber als spöttisch. Da er finanzielle jedoch auf seinen Job angewiesen ist und ihn unabhängig von den zwischenmenschlichen Schwierigkeiten mit seinen Kolleg:innen sehr mag, möchte er durch das Coaching eine Verbesserung diesbezüglich erzielen. Er möchte der Ursache auf den Grund gehen und ist bereit sich mit der Frage zu beschäftigen, welchen Teil er zu der Situation beitragen kann, um sich auf der Arbeit wohler fühlen zu können. Um die Situation besser einschätzen zu können und Herr T. charmant daran zu erinnern, nicht ausschließlich die problematischen Situation zu schildern, greift der Coach auf Ausnahmefragen zurück: „Sie sagen, dass sie häufig Schwierigkeiten in der Interaktion mit ihren Kolleg:innen haben. Welche Situationen haben sie in letzter Zeit erlebt, indenen das anders war?" „Gibt es Situationen oder Personen, bei denen das Problem weniger ausgeprägt oder gar nicht auftritt?" „Worin genau unterscheiden sich diese Situation oder Personen?" Der Coach möchte Herr T. durch diese Fragen dazu bringen, über positive Ausnahmen oder Momente nachzudenken, indenen das Problem nicht auftritt oder zumindest nicht so stark wie üblich (Drath, 2019, S. 94). Dadurch kann der Coach Herr T. dabei unterstützen positive Erfahrungen zu reflektieren und seine Stärken zu identifizieren, damit er seinen Teil dazu beitragen kann, die Situation auf der Arbeit zu verbessern. Aufmerksamkeitsfragen haben somit das Potenzial die Aufmerksamkeit auf die Ressourcen des Coachees zu lenken (ebd., S. 94). Generell handelt es sich bei den Ausnahmefragen um eine Sonderform der Fragen zur Lösung, der die Annahme zugrundliegt, dass es keine Problemsituation gibt, die immer überall in gleicher Intensität auftritt, wir aber die „Ausnahmen" häufig nicht wahrnehmen (Meifert, 2011, S. 255).

1.3.5 Ressourcenorientierte Fragen

Frau K. ist vor ein paar Monaten innerhalb ihres Unternehmens in eine Führungsposition gewechselt. Ihr fällt es schwer, sich in ihre neue Rolle einzufinden, weshalb sie Unterstützung durch einen Coach sucht. Ihr Ziel ist es, selbstsicherer in ihrer Position zu werden und sich dadurch im beruflichen Alltag besser zu fühlen. Der Coach möchte die Aufmerksamkeit im Coachingprozess auf interne (z.b. Kompetenzen, Fähigkeiten) und externe Ressourcen (z.B. organisatorisches Netzwerk) legen, weshalb er auf ressourcenorientierte Fragen zurückgreift: „Was sind ihre Stärken und wie können sie diese nutzen, um ihr Ziel zu erreichen?" „Welche ihrer Kompetenzen möchten sie im Coaching weiter ausbauen?" „Wie können sie ihre aktuellen Fähigkeiten verbessern oder neue Fähigkeiten erwerben, um Ihr Ziel zu erreichen?" „Was hat ihnen in der Vergangenheit geholfen, ähnliche Herausforderungen zu bewältigen?" Diese ressourcenorientierten Fragen des Coaches dienen dazu Frau K. dabei zu unterstützen ihre Ressourcen und Fähigkeiten zu erkennen und zu aktivieren, um zu erreichen, dass sie sich in ihrer Führungsposition einfindet. Indem Frau K. ihre Ressourcen erkennt und aktiviert, wird sie ihr Ziel effektiver erreichen und ihre Selbstwirksamkeit erhöht. Bei den ressourcenorientierten Fragen handelt es sich also um eine besondere Form der Fragen zur Lösung (Meifert, 2011, S. 255). Die Anwendung dieser ist insbesondere dann sinnvoll, wenn der Coachee eine hohe Problemorientierung zeigt und mit sich selbst enorm kritisch umgeht (ebd., S. 255).

2 Dysfunktionale Gedanken nach Albert Ellis

Aus Sicht der kognitiven Therapien tragen dysfunktionale Kognitionen zur Entstehung und Aufrechterhaltung psychischer Störungen bei (Wilken, 2019, S. 14). In der Therapie geht es entsprechend darum, diese „dysfunktionalen" Kognitionen in Richtung „funktionaler" Kognitionen zu beeinflussen, um dadurch das damit verbundene psychische Leid zu verringern (ebd. S. 14). Der Begriff der „dysfunktionalen" Kognitionen umfasst dabei verschiedene Bewertungen, Wahrnehmungen, Ereignisse, Einstellungen, Bewältigungsansätze, Lebensphilosophien etc. (ebd., S. 14). In unterschiedlichen Ansätzen der kognitiven Therapie wird der Begriff unterschiedlich spezifiziert (ebd., S. 15).

Die in den 1950er Jahren entwickelte Rational – Emotive – Therapie (RET) nach Albert Ellis, seit 1993 auch Rational – Emotive Verhaltenstherapie (REVT) genannt, ist die älteste von drei kognitiv – psychologischen Behandlungsansätzen (ebd., S. 16). Albert Ellis beschäftigt sich in seinem Ansatz primär mit dem Einfluss von Bewertungen bzw.

Bewertungsmustern („Beliefs") für die Entstehung und Aufrechterhaltung von Emotionen und Verhaltensweisen (ebd., S. 17). Ellis sieht sogenannte „irrationale Bewertungen", die mit dem Terminus der „dysfunktionalen" Kognitionen synonym verwendet werden können, als zentral für die Entstehung und Aufrechterhaltung psychischer (emotionaler und verhaltens-)Störungen (Wilken, 2019, S. 17). Somit unterscheidet er zwischen „irrationalen Gedanken" (gleichzusetzten mit unangemessen, nicht hilfreichen, selbstschädigenden bzw. nicht zielführenden Gedanken) und „rationalen Gedanken" (gleichzusetzten mit angemessenen, hilfreichen und zielführenden Gedanken) (ebd., S. 17). Irrationale Überzeugungen zeichnen sich dadurch aus, dass sie mit „unangemessenen Emotionen" und Verhaltensweisen, wie beispielsweise starker Angst, Depression, Vermeidungsverhalten etc. einhergehen, die den betroffenen Menschen subjektiv belasten und ihn dabei an der Verwirklichung seiner individuellen Lebensziele hindern (ebd., S. 18). Ellis unterscheidet dabei folgende vier Grundkategorien irrationaler Überzeugungen:

1. *Absolute Forderung* (Muss-Gedanken oder „Mussturbationen"): Eigene Vorlieben und Wünsche werden zu absoluten Bedürfnissen und Notwendigkeiten. Beispiel: „Ich muss immer Bestleistung erbringen!"
2. *Globale negative Selbst – und Fremdbewertung*: Statt einzelne Verhaltensweisen oder Eigenschaften wird eine ganze Person als minderwertig oder unzugänglich bewertet. Beispiel: „Ich tauge nichts und bin ein absoluter Versager!"
3. *Katastrophendenken:* Katastrophengedanken verzerren die Bedeutsamkeit eines negativen Ereignisses (extern oder innerpsychisch). Negative Ereignisse werden dabei mit einer subjektiven Katastrophe gleichgesetzt. Beispiel: „Wenn das nicht funktioniert, wird mein ganzes Leben fürchterlich werden!"
4. *Niedrige Frustrationstoleranz:* Eine Person sieht sich als unfähig an, den befürchteten oder bereits eingetretenen Zustand zu ertragen. Beispiel: „Das muss alles so laufen wie ich das will!"

Rationale Überzeugungen hingegen führen zu „angemessenen" (positiven oder negativen) Emotionen und Verhaltensweisen und unterstützen den Menschen, seine selbstgewählten Ziele zu erreichen (ebd., S. 18).

2.1 ABC – Theorie

Die Basis der REVT bildet die sogenannte ABC – Theorie (ebd., S. 17). Die Grundbegriffe und Grundannahmen, lassen sich wie folgt in vereinfachter, auch für Klienten leicht verständlicher Form, beschreiben:

Unter (A) „**A**ctivating Event" versteht man ein auslösendes Ereignis (ebd., S. 17). Dabei kann es sich um ein äußeres (z.b. Tod eines Familienangehörigen) oder innerpsychisches (z.b. Vorstellung des Scheiterns bei einer Prüfung) Ereignis handeln (ebd., S. 17). (B) „**B**eliefs bzw. **B**elief system" bezeichnet die Bewertung des Ereignisses (A). Die Bewertung folgt aufgrund bestimmter bewusster und unbewusster Überzeugungen (z.B. Bewertungsmuster, Einstellungen und Lebensregeln), die in der auslösenden Situation aktiviert werden (ebd., S. 17). (C) „**C**onsequence" steht anschließend für die emotionale Reaktion und Verhaltensweisen, die auf das auslösende Ereignis (A) folgen (z.B. Depression, Sorge, Angst, Trauer) (Wilken, 2019, S. 17). Die zentrale Annahme Ellis besteht darin, dass nicht das auslösende Ereignis (A) bestimmt wie wir uns fühlen und verhalten (C), sondern die Bewertung der Situation (B). (ebd., S. 17). Dabei können (A), (B) und (C) einander stets wechselseitig beeinflussen (ebd., S. 18). Emotionale Störungen und damit einhergehende unangepasste Verhaltensweisen sind nach Ellis demnach nur in Situation (A) aktiviert und durch irrationale Überzeugungen bzw. Bewertungsmuster („irrationale beliefs) bedingt (ebd., S. 18).

2.2 ABCDE – Vorgehen bei dysfunktionalen Gedanken

Ausgehen von der ABC - Theorie psychischer Störungen ist es Ziel der REVT die irrationalen (selbstschädigenden/ nicht zielführenden) Bewertungen zu verändern (Wilken, 2019, S. 22). Ziel ist es, dem Klienten zu einer rationaleren Lebensanschauung zu verhelfen, die ihn dazu befähigt, nicht nur mit seinen aktuell belastenden Problemen, sondern auch mit zukünftigen Problemen „angemessen" umzugehen (ebd., S. 22). Zur Zielerreichung innerhalb der REVT nach Ellis wird auf das ABCDE – Vorgehen zurückgegriffen, welches auf der ABC – Theorie beruht (Sauerland, 2018, S. 91):

In einem ersten Schritt werden zunächst belastende Situationen ermittelt (A). Im Anschluss daran, werden negative Reaktionen ermittelt (C). Darauf folgt die Identifizierung der zwischen Situation (A) und Reaktion (C) geschalteten dysfunktionalen

Kognitionen (B). Diese Kognitionen werden anschließend im sokratischen Dialog[2] hinterfragt (D „Disputing"). Beispielsweise mit der Hilfe von Rollenspielen, sollen daraufhin dysfunktionale Gedanken durch funktionale Kognitionen erstsetzt werden. Abschließend wird geprüft, ob die funktionalen Kognitionen in der auslösenden Situation nun weniger belastende Effekte erzielen (E „Effect").

A	B	C	D	E
Activating Event	Belief System	Consequences	Disputing	Effect
1. Schritt:	*3. Schritt:*	*2. Schritt:*	*4. Schritt:*	*5. Schritt:*
Welche Ereignisse belasten mich? Welche Situationen demotivieren? In welchen leiste ich nicht das, was ich leisten könnte?	Welche Gedanken habe ich in dieser Situation? Kommen die Belastungen (s. C) durch Gedanken zustande?	Wie äußert sich die Belastung? Wie reagiere ich in der Situation – subjektiv, emotional, körperlich, konativ?	Wie prüfe ich, ob meine Gedanken (s. B) (dys-) funktional sind? Gibt es Belege, Gegenbelege, Widersprüche oder andere Perspektiven?	Welche Wirkung hat die Prüfung und gegebenenfalls die Revision meiner Gedanken? Ist die Situation (s. A) nun weniger belastend (s. C)?
Beispiel:	Beispiel:	Beispiel:	Beispiel:	Beispiel:
Bevorstehende Prüfung im Weiterbildungsprogramm des Unternehmens	Ich muss unbedingt die Note 1 bekommen	(Prüfungs-) Angst, Lernblockade, psychosomatische Beschwerden (Einschlafstörungen)	Warum denke ich, dass es eine „1" sein muss? Ich denke tatsächlich, dass mich bei der Note 2 alle für dumm halten. Das ist absurdes perfektionistisches Denken, das mich unnötig blockiert!	Eine gute Note reicht für meine beruflichen Ziele aus – die Prüfung ist eine gute Gelegenheit, mir systematisch Wissen anzueignen und dieses dann auch zu präsentieren! Ich kann wieder unbelastet lernen!

Abbildung 2: Beispielhafte Darstellung der Komponenten des ABCDE - Vorgehens (Sauerland, 2018, S. 94)

Die eigentliche Umstrukturierung, der als irrational erkannten Gedanken (D), erfolgt in der REVT mithilfe eines vielfältigen Methodeninventars von kognitiven, emotionsbezogenen und verhaltensorientierten Techniken (Wilken, 2019, S. 23). Beispiele hierfür sind neben dem sokratischen Dialog, der durch die offenen Fragen des Therapeuten kennzeichnet ist und Reizkonfrontationsverfahren wie Rollenspielen, die Bibliotherapie (Lesen von Selbsthilfebüchern), kognitive Hausaufgaben (schriftliche Aufgaben zur Disputation irrationaler Bewertungen), Rational Emotive Imaginationstechniken[3] (REI) und Verhaltensorientierte Disputationsmethoden[4] (ebd., S. 23). Zudem empfiehlt Ellis Fertigkeitentraining, operante Konditionierungsverfahren und Selbstkontrolltechniken (ebd., S. 24). Alle Methoden werden zur Unterstützung der Erreichung des übergeordneten Ziels der kognitiven Umstrukturierung eingesetzt (ebd., S. 24).

---

[2] Meint die argumentative Gesprächsführung, in der irrationale Bewertungen immer wieder infrage gestellt werden (z.B. durch die Auseinandersetzung mit ihrer Logik und Zweckmäßigkeit, im Hinblick auf die Zielerreichung) (Wilken, 2019, S. 23).
[3] Es handelt sich um Vorstellungsübungen, in denen negative Gefühle evoziert und verändert werden (Wilken, 2019, S. 23).
[4] Ein Beispiel hierfür ist, Klienten bewusst einer peinlichen Situation auszusetzen, damit sie dabei erfahren, dass die tatsächlichen Folgen ihrer Handlung nicht ihren Befürchtungen entsprechen (ebd., S. 23).

2.3 Fazit

Abschließend, soll die heutige Bedeutung der Methode nach Albert Ellis in der verhaltenstherapeutischen Praxis eingeordnet werden. Gerade als Gruppentraining gilt die REVT als ein wissenschaftlich fundiertes und evaluiertes Stressbewältigungstraining (Rusch, 2019, S. 74). Metaanalysen weisen signifikante Effekte in Bezug auf die Reduktion von arbeitsbezogenem Stress auf (Van de Klink et. al, 2001, S. 270; Richardson & Rohstein, 2008, S. 69). Daher bietet sich die Methode auch im Rahmen eines berufsbezogenen Coachingprozesses an, indem das Thema Stressmanagement zentral ist. Die REVT bietet eine gute Möglichkeit, um seine eigenen Glaubenssätze bewusst zu reflektieren und konstruktiv in eine andere Richtung zu lenken. Das verbesserte Verständnis seiner eigenen Denkweisen und Emotionen bringt nicht nur den Mehrwert in Bezug auf die eigene Person mit sich, sondern verbessert auch das Verständnis von Emotionen und Glaubenssätzen seiner Mitmenschen. Diese Herangehensweise kann im Beruf und im Privatleben helfen, insbesondere mit hohen Ansprüchen an sich selbst, dem emotionalen Stress und dem Arbeitsklima umzugehen.

Literaturverzeichnis

Drath, K. (2019). Coaching-Techniken (3. Aufl.). Freiburg: Haufe.

Hoch, R. & Vater, S. (2019). Kartenset Fragetechniken für systemisches Coaching. Weinheim & Basel: Beltz Verlag.

Lanz, C. & Maile, C. (2014). Studienbrief SRH Fernhochschule: Coaching (2. Aufl.). Riedlingen: SRH Fernhochschule - The Mobile University.

Lippmann, E. (2013). Grundlagen auf Basis eines systemisch-lösungsorientierten Beratungsansatzes. In E. Lippmann (Hrsg.), Coaching. Angewandte Psychologie für die Beratungspraxis (3. Aufl.) (S. 13-52). Berlin, Heidelberg: Springer. DOI: 10.1007/978-3-642-35921-71

Meifert, T. M. (2011). Beraten.Trainieren.Coachen. Freiburg, Berlin, München: Haufe.

Migge, B. (2018). Handbuch Coaching und Beratung. Wirkungsvolle Modelle, kommentierte Falldarstellungen, zahlreiche Übungen (4. Aufl.). Weinheim & Basel: Beltz.

Patrzek, A. (2021). Systemisches Fragen. Professionelle Fragekompetenz für Führungskräfte, Berater und Coaches (3. Aufl.). Wiesbaden: Springer. DOI: 10.1007/978-3-658-33148-1

Patrzek, A. & Scholer, S. (2022). Die Kraft des Fragens. Schlüsselkompetenz für Teams, Coaching und Führung. Weinheim & Basel: Beltz.

Rauen, C. (2021). Varianten des Coachings. In C. Rauen (Hrsg.), Handbuch Coaching (4. Aufl.) (S. 37-66). Göttingen: Hogrefe. DOI: 10.1026/02259-000

Richardson, K. M. & Rothstein, H. R. *(2008).* Effects of occupational stress management intervention programs: a meta-analysis. *Journal of occupational health psychology,* 13 (1), S. 69–93.

Rusch, S. (2019). Stressmanagement. Ein Arbeitsbuch für die Aus-, Fort- und Weiterbildung. 2. Aufl., Berlin: Springer.

DOI: 10.1007/978-3-662-59436-0

Sauerland, M. (2018). Design Your Mind! Denkfallen entlarven und überwinden. Mit zielführendem Denken die eigenen Potenziale voll ausschöpfen (2. Aufl.). Wiesbaden: Springer.
DOI:10.1007/798-3658-214623

Van der Klink, J. J., Blonk, R. W., Schene, A. H., van Dijk, F. J. *(2001). The benefits of interventions for work-related stress. American journal of public health*, 91 (2), S. 270–276.

Wilken, B. (2019). Methoden der kognitiven Umstrukturierung. Ein Leitfanden für die psychotherapeutische Praxis (8. Aufl.). Stuttgart: Kohlhammer.

BEI GRIN MACHT SICH IHR WISSEN BEZAHLT

- Wir veröffentlichen Ihre Hausarbeit, Bachelor- und Masterarbeit

- Ihr eigenes eBook und Buch - weltweit in allen wichtigen Shops

- Verdienen Sie an jedem Verkauf

Jetzt bei www.GRIN.com hochladen und kostenlos publizieren